52 Week Planner

And Appointment Book

Christine Dunne

Christine Dunne, Publisher

Salinas, California 2020

Copyright © 2020 Christine Dunne

All rights reserved.

ISBN-978-1-7350162-9-0

Printed by Lulu Press, Inc. in the United States of America.

First Printing, 2020

Christine Dunne, Publisher

P.O. Box 2002

Salinas, California 93902

www.deadland.co

Monday   Date_____

_____

_____

_____

Tuesday   Date_____

_____

_____

_____

Wednesday   Date_____

_____

_____

_____

Thursday   Date_____

_____

_____

_____

Friday   Date_____

_____

_____

Saturday   Date_____

_____

_____

Sunday   Date_____

_____

_____

Monday		Date_____

_____

_____

_____

Tuesday		Date_____

_____

_____

_____

Wednesday	Date_____

_____

_____

_____

Thursday	Date_____

_____

_____

_____

Friday   Date_____

_____

_____

Saturday   Date_____

_____

_____

Sunday   Date_____

_____

_____

Monday				Date_____

_____

_____

_____

Tuesday				Date_____

_____

_____

_____

Wednesday   Date_____

_____

_____

_____

Thursday   Date_____

_____

_____

_____

Friday   Date_____

_____

_____

Saturday   Date_____

_____

_____

Sunday   Date_____

_____

_____

Monday Date_____

_____

_____

_____

Tuesday Date_____

_____

_____

_____

Wednesday   Date_____

_____

_____

_____

Thursday   Date_____

_____

_____

_____

Friday   Date_____

_____

_____

Saturday   Date_____

_____

_____

Sunday   Date_____

_____

_____

Monday	Date_____

_____

_____

_____

Tuesday	Date_____

_____

_____

_____

Wednesday   Date_____

_____

_____

_____

Thursday   Date_____

_____

_____

_____

Friday   Date_____

_____

_____

Saturday   Date_____

_____

_____

Sunday   Date_____

_____

_____

Monday   Date_____

_____

_____

_____

Tuesday   Date_____

_____

_____

_____

Wednesday   Date_____

_____

_____

_____

Thursday   Date_____

_____

_____

_____

Friday			Date_____

_____

_____

Saturday		Date_____

_____

_____

Sunday			Date_____

_____

_____

Monday   Date_____

_____

_____

_____

Tuesday   Date_____

_____

_____

_____

Wednesday   Date_____

_____

_____

_____

Thursday   Date_____

_____

_____

_____

Friday   Date_____

_____

_____

Saturday   Date_____

_____

_____

Sunday   Date_____

_____

_____

Monday   Date_____

_____

_____

_____

Tuesday   Date_____

_____

_____

_____

Wednesday   Date_____

_____

_____

_____

Thursday   Date_____

_____

_____

_____

Friday   Date_____

_____

_____

Saturday   Date_____

_____

_____

Sunday   Date_____

_____

_____

Monday   Date_____

_____

_____

_____

Tuesday   Date_____

_____

_____

_____

Wednesday　　Date_____

_____

_____

_____

Thursday　　Date_____

_____

_____

_____

Friday   Date_____

_____

_____

Saturday   Date_____

_____

_____

Sunday   Date_____

_____

_____

Monday Date_____

_____

_____

_____

Tuesday Date_____

_____

_____

_____

Wednesday   Date_____

_____

_____

_____

Thursday   Date_____

_____

_____

_____

Friday   Date_____

_____

_____

Saturday   Date_____

_____

_____

Sunday   Date_____

_____

_____

Monday   Date_____

_____

_____

_____

Tuesday   Date_____

_____

_____

_____

Wednesday   Date_____

_____

_____

_____

Thursday   Date_____

_____

_____

_____

Friday   Date_____

_____

_____

Saturday   Date_____

_____

_____

Sunday   Date_____

_____

_____

Monday		Date_____

_____

_____

_____

Tuesday		Date_____

_____

_____

_____

Wednesday   Date_____

_____

_____

_____

Thursday   Date_____

_____

_____

_____

Friday　　　　　Date_____

_____

_____

Saturday　　　　Date_____

_____

_____

Sunday　　　　　Date_____

_____

_____

Monday   Date_____

_____

_____

_____

Tuesday   Date_____

_____

_____

_____

Wednesday   Date_____

_____

_____

_____

Thursday   Date_____

_____

_____

_____

Friday   Date_____

_____

_____

Saturday   Date_____

_____

_____

Sunday   Date_____

_____

_____

Monday   Date_____

_____

_____

_____

Tuesday   Date_____

_____

_____

_____

Wednesday   Date_____

_____

_____

_____

Thursday   Date_____

_____

_____

_____

Friday   Date_____

_____

_____

Saturday   Date_____

_____

_____

Sunday   Date_____

_____

_____

Monday   Date_____

_____

_____

_____

Tuesday   Date_____

_____

_____

_____

Wednesday	Date_____

_____

_____

_____

Thursday	Date_____

_____

_____

_____

Friday   Date_____

_____

_____

Saturday   Date_____

_____

_____

Sunday   Date_____

_____

_____

Monday	Date_____

_____

_____

_____

Tuesday	Date_____

_____

_____

_____

Wednesday   Date_____

_____

_____

_____

Thursday   Date_____

_____

_____

_____

Friday   Date_____

_____

_____

Saturday   Date_____

_____

_____

Sunday   Date_____

_____

_____

Monday   Date_____

_____

_____

_____

Tuesday   Date_____

_____

_____

_____

Wednesday　　　Date_____

_____

_____

_____

Thursday　　　Date_____

_____

_____

_____

Friday   Date_____

_____

_____

Saturday   Date_____

_____

_____

Sunday   Date_____

_____

_____

Monday   Date_____

_____

_____

_____

Tuesday   Date_____

_____

_____

_____

Wednesday   Date_____

_____

_____

_____

Thursday   Date_____

_____

_____

_____

Friday   Date_____

_____

_____

Saturday   Date_____

_____

_____

Sunday   Date_____

_____

_____

Monday		Date_____

_____

_____

_____

Tuesday		Date_____

_____

_____

_____

Wednesday   Date_____

_____

_____

_____

Thursday   Date_____

_____

_____

_____

Friday	Date_____

_____

_____

Saturday	Date_____

_____

_____

Sunday	Date_____

_____

_____

Monday   Date_____

_____

_____

_____

Tuesday   Date_____

_____

_____

_____

Wednesday   Date_____

_____

_____

_____

Thursday   Date_____

_____

_____

_____

Friday   Date_____

_____

_____

Saturday   Date_____

_____

_____

Sunday   Date_____

_____

_____

Monday				Date_____

_____

_____

_____

Tuesday				Date_____

_____

_____

_____

Wednesday   Date_____

_____

_____

_____

Thursday   Date_____

_____

_____

_____

Friday   Date_____

_____

_____

Saturday   Date_____

_____

_____

Sunday   Date_____

_____

_____

Monday   Date_____

_____

_____

_____

Tuesday   Date_____

_____

_____

_____

Wednesday   Date_____

_____

_____

_____

Thursday   Date_____

_____

_____

_____

Friday   Date_____

_____

_____

Saturday   Date_____

_____

_____

Sunday   Date_____

_____

_____

Monday   Date_____

_____

_____

_____

Tuesday   Date_____

_____

_____

_____

Wednesday   Date_____

_____

_____

_____

Thursday   Date_____

_____

_____

_____

Friday   Date_____

_____

_____

Saturday   Date_____

_____

_____

Sunday   Date_____

_____

_____

Monday		Date_____

_____

_____

_____

Tuesday		Date_____

_____

_____

_____

Wednesday   Date_____

_____

_____

_____

Thursday   Date_____

_____

_____

_____

Friday   Date_____

_____

_____

Saturday   Date_____

_____

_____

Sunday   Date_____

_____

_____

Monday　　　　Date_____

_____

_____

_____

Tuesday　　　　Date_____

_____

_____

_____

Wednesday   Date_____

_____

_____

_____

Thursday   Date_____

_____

_____

_____

Friday Date_____

_____

_____

Saturday Date_____

_____

_____

Sunday Date_____

_____

_____

Monday		Date_____

_____

_____

_____

Tuesday		Date_____

_____

_____

_____

Wednesday Date_____

_____

_____

_____

Thursday Date_____

_____

_____

_____

Friday   Date_____

_____

_____

Saturday   Date_____

_____

_____

Sunday   Date_____

_____

_____

Monday   Date_____

_____

_____

_____

Tuesday   Date_____

_____

_____

_____

Wednesday   Date_____

_____

_____

_____

Thursday   Date_____

_____

_____

_____

Friday Date_____

_____

_____

Saturday Date_____

_____

_____

Sunday Date_____

_____

_____

Monday		Date_____

_____

_____

_____

Tuesday		Date_____

_____

_____

_____

Wednesday   Date_____

_____

_____

_____

Thursday   Date_____

_____

_____

_____

Friday   Date_____

_____

_____

Saturday   Date_____

_____

_____

Sunday   Date_____

_____

_____

Monday	Date_____

_____

_____

_____

Tuesday	Date_____

_____

_____

_____

Wednesday   Date_____

_____

_____

_____

Thursday   Date_____

_____

_____

_____

Friday　　　　Date_____

_____

_____

Saturday　　　　Date_____

_____

_____

Sunday　　　　Date_____

_____

_____

Monday Date_____

_____

_____

_____

Tuesday Date_____

_____

_____

_____

Wednesday   Date_____

_____

_____

_____

Thursday   Date_____

_____

_____

_____

Friday   Date_____

_____

_____

Saturday   Date_____

_____

_____

Sunday   Date_____

_____

_____

Monday   Date_____

_____

_____

_____

Tuesday   Date_____

_____

_____

_____

Wednesday   Date_____

_____

_____

_____

Thursday   Date_____

_____

_____

_____

Friday   Date_____

_____

_____

Saturday   Date_____

_____

_____

Sunday   Date_____

_____

_____

Monday   Date_____

_____

_____

_____

Tuesday   Date_____

_____

_____

_____

Wednesday   Date_____

_____

_____

_____

Thursday   Date_____

_____

_____

_____

Friday					Date_____

_____

_____

Saturday				Date_____

_____

_____

Sunday					Date_____

_____

_____

Monday   Date_____

_____

_____

_____

Tuesday   Date_____

_____

_____

_____

Wednesday		Date_____

_____

_____

_____

Thursday		Date_____

_____

_____

_____

Friday Date_____

_____

_____

Saturday Date_____

_____

_____

Sunday Date_____

_____

_____

Monday   Date_____

_____

_____

_____

Tuesday   Date_____

_____

_____

_____

Wednesday   Date_____

_____

_____

_____

Thursday   Date_____

_____

_____

_____

Friday   Date_____

_____

_____

Saturday   Date_____

_____

_____

Sunday   Date_____

_____

_____

Monday   Date_____

_____

_____

_____

Tuesday   Date_____

_____

_____

_____

Wednesday   Date_____

_____

_____

_____

Thursday   Date_____

_____

_____

_____

Friday　　　　Date_____

_____

_____

Saturday　　　Date_____

_____

_____

Sunday　　　　Date_____

_____

_____

Monday   Date_____

_____

_____

_____

Tuesday   Date_____

_____

_____

_____

Wednesday   Date_____

_____

_____

_____

Thursday   Date_____

_____

_____

_____

Friday   Date_____

_____

_____

Saturday   Date_____

_____

_____

Sunday   Date_____

_____

_____

Monday   Date_____

_____

_____

_____

Tuesday   Date_____

_____

_____

_____

Wednesday   Date_____

_____

_____

_____

Thursday   Date_____

_____

_____

_____

Friday　　　　　Date_____

_____

_____

Saturday　　　　Date_____

_____

_____

Sunday　　　　　Date_____

_____

_____

Monday　　　　Date_____

_____

_____

_____

Tuesday　　　　Date_____

_____

_____

_____

Wednesday　　　Date_____

_____

_____

_____

Thursday　　　Date_____

_____

_____

_____

Friday   Date_____

_____

_____

Saturday   Date_____

_____

_____

Sunday   Date_____

_____

_____

Monday   Date_____

_____

_____

_____

Tuesday   Date_____

_____

_____

_____

Wednesday   Date_____

_____

_____

_____

Thursday   Date_____

_____

_____

_____

Friday   Date_____

_____

_____

Saturday   Date_____

_____

_____

Sunday   Date_____

_____

_____

Monday			Date_____

_____

_____

_____

Tuesday			Date_____

_____

_____

_____

# Wednesday	Date_____

_____

_____

_____

# Thursday	Date_____

_____

_____

_____

Friday   Date_____

_____

_____

Saturday   Date_____

_____

_____

Sunday   Date_____

_____

_____

Monday		Date_____

_____

_____

_____

Tuesday		Date_____

_____

_____

_____

Wednesday   Date_____

_____

_____

_____

Thursday   Date_____

_____

_____

_____

Friday　　　　　Date_____

_____

_____

Saturday　　　　Date_____

_____

_____

Sunday　　　　　Date_____

_____

_____

Monday   Date_____

_____

_____

_____

Tuesday   Date_____

_____

_____

_____

Wednesday   Date_____

_____

_____

_____

Thursday   Date_____

_____

_____

_____

Friday   Date_____

_____

_____

Saturday   Date_____

_____

_____

Sunday   Date_____

_____

_____

Monday   Date_____

_____

_____

_____

Tuesday   Date_____

_____

_____

_____

Wednesday   Date_____

_____

_____

_____

Thursday   Date_____

_____

_____

_____

Friday   Date_____

_____

_____

Saturday   Date_____

_____

_____

Sunday   Date_____

_____

_____

Monday   Date_____

_____

_____

_____

Tuesday   Date_____

_____

_____

_____

Wednesday   Date_____

_____

_____

_____

Thursday   Date_____

_____

_____

_____

Friday   Date_____

_____

_____

Saturday   Date_____

_____

_____

Sunday   Date_____

_____

_____

Monday   Date_____

_____

_____

_____

Tuesday   Date_____

_____

_____

_____

Wednesday		Date_____

_____

_____

_____

Thursday		Date_____

_____

_____

_____

Friday Date_____

_____

_____

Saturday Date_____

_____

_____

Sunday Date_____

_____

_____

Monday   Date_____

_____

_____

_____

Tuesday   Date_____

_____

_____

_____

Wednesday   Date_____

_____

_____

_____

Thursday   Date_____

_____

_____

_____

Friday   Date_____

_____

_____

Saturday   Date_____

_____

_____

Sunday   Date_____

_____

_____

Monday　　　　Date_____

_____

_____

_____

Tuesday　　　　Date_____

_____

_____

_____

Wednesday		Date_____

_____

_____

_____

Thursday		Date_____

_____

_____

_____

Friday   Date_____

_____

_____

Saturday   Date_____

_____

_____

Sunday   Date_____

_____

_____

Monday　　　　　Date_____

_____

_____

_____

Tuesday　　　　　Date_____

_____

_____

_____

Wednesday	Date_____

_____

_____

_____

Thursday	Date_____

_____

_____

_____

Friday   Date_____

_____

_____

Saturday   Date_____

_____

_____

Sunday   Date_____

_____

_____

Monday			Date_____

_____

_____

_____

Tuesday			Date_____

_____

_____

_____

Wednesday   Date_____

_____

_____

_____

Thursday   Date_____

_____

_____

_____

Friday   Date_____

_____

_____

Saturday   Date_____

_____

_____

Sunday   Date_____

_____

_____

Monday		Date_____

_____

_____

_____

Tuesday		Date_____

_____

_____

_____

Wednesday   Date_____

_____

_____

_____

Thursday   Date_____

_____

_____

_____

Friday   Date_____

_____

_____

Saturday   Date_____

_____

_____

Sunday   Date_____

_____

_____

Monday	Date_____

_____

_____

_____

Tuesday	Date_____

_____

_____

_____

Wednesday   Date_____

_____

_____

_____

Thursday   Date_____

_____

_____

_____

Friday   Date_____

_____

_____

Saturday   Date_____

_____

_____

Sunday   Date_____

_____

_____

Monday			Date_____

_____

_____

_____

Tuesday			Date_____

_____

_____

_____

Wednesday		Date_____

_____

_____

_____

Thursday		Date_____

_____

_____

_____

Friday   Date_____

_____

_____

Saturday   Date_____

_____

_____

Sunday   Date_____

_____

_____

www.ingramcontent.com/pod-product-compliance
Lightning Source LLC
Chambersburg PA
CBHW052101230426
43662CB00036B/1724